Leselöwen

Sabine Giebken

Rettungshunde im Einsatz

Illustriert von Joachim Krause

Loewe

Ihre Meinung zählt!

Nehmen Sie jetzt an einer kurzen Elternbefragung des Loewe Verlags teil und beeinflussen Sie die zukünftige Entwicklung unserer Kinderbücher:

www.elternbefragung.online

Unser Kinderbuch-Newsletter bietet alle Infos zu Neuerscheinungen und tollen Veranstaltungen, exklusive Gewinnspiele und vieles mehr!

Jetzt kostenlos abonnieren: *www.loewe-verlag.de*

Inhalt

Rettungshunde in Aktion

Nick rennt den Weg entlang.

Der Wind pfeift um seine Ohren.

Nach links oder nach rechts?

Er läuft zwischen die Häuser.

Die Feuertreppe!

Darunter ist ein prima Versteck.

Nick hält den Atem an.
Er duckt sich tief
in sein Versteck.
Auf einmal hört er ein Hecheln.

Das Hecheln wird lauter.

Ein Hund biegt um die Ecke.

Er springt auf Nick zu!

Dann setzt er sich hin

und bellt laut.

Der Hund trägt ein **Geschirr**.

Darauf steht: **Rettungshund**.

Nick streichelt ihn und ruft:

„Das hast du toll gemacht!“

Die **Hundeführerin**

gibt dem Hund ein Stück Wurst.

„Du hast es auch toll gemacht“,
sagt Anna und grinst Nick an.
„Willst du auch ein Stück Wurst?“
Nick lacht. „Nein danke.
Aber Milo will sich bestimmt
ein Stück verdienen.“

Sie gehen zum Parkplatz.
Nick holt Milo aus dem Auto.
Der Hund wedelt aufgeregt
mit dem Schwanz.

Nick und Milo warten ungeduldig.
Dann dürfen sie endlich los!
Milo schnüffelt an einer Folie.
Daran klebt Annas Geruch.
Milo schnuppert kurz
und läuft nach links.

Milo biegt um eine Hausecke.
Er läuft quer über den Rasen.
Seine Nase streift am Boden.
Bei den Mülltonnen
bleibt er stehen und bellt laut.

Anna kommt zwischen
den Mülltonnen hervor.
Sie krault Milo die Ohren.
„Du wirst immer besser“,
lobt sie ihn.

Dann ist ein anderes Team dran.
Nick und Anna gucken zu.
Die Spur führt über
das ganze Gelände!
„Die sind schon richtige Profis“,
murmelt Nick.

Plötzlich klingelt das Handy
von Nicks Mama.

Nick fragt:
„Ein Einsatz für
die Rettungshunde?“

Nicks Mama guckt ernst und erklärt:
„Eine alte Frau wird vermisst!
Sie ist ein bisschen verwirrt.
Wir müssen sie suchen!“

Aber Nicks Mama schüttelt den Kopf.
„Das geht leider nicht“, sagt sie.
„Für einen echten Einsatz
ist Milo noch zu jung.“

Fragen und Antworten

Wer versteckt sich zuerst? Kreuze an.

☐ a) Nick ☐ b) Anna

Antwort: a)

Welche Farbe hat Milos Geschirr? Kreuze an.

☐ a) ☐ b) ☐ c)

Antwort: c)

Was bekommt der Hund als Belohnung?
Bringe die Buchstaben in die richtige Reihenfolge.

STRUW

Antwort: Wurst

Aufregung im Wald

Das spricht man „Träining" aus.

Nach dem Training
laufen Nick und Anna
mit Milo zum See.
Anna hat einen Ball für Milo dabei.

Milo jagt dem Ball hinterher.

Er liebt dieses Spiel!

Auf einmal bleibt er stehen.

Er schaut auf.

Dort, am Waldrand, ist eine Frau!

Sie hat eine Tüte dabei,

die laut raschelt.

Zum Glück gehorcht Milo.
Er darf nicht einfach losrennen.
Bestimmt würde er
die Frau erschrecken!
In der Tüte sind
bunte Papierschleifen.

Milo beobachtet die Frau.
Er schnuppert neugierig.
Aber er bleibt brav sitzen.
Die Frau bindet die Schleifen
an Äste.
Sie winkt freundlich
und läuft in den Wald.

„Eine Schnitzeljagd“,
vermutet Anna.
„Bestimmt feiern sie
einen Kindergeburtstag.“
Nick ruft:
„Okay, Milo. Jetzt komm!“

Sie erreichen den See.
Zum Baden ist es noch zu kühl.
Aber Milo ist das egal!
Nick wirft den Ball weit hinaus.
Begeistert springt Milo hinterher
und bringt ihn zurück.

Bald ist Milo müde
vom Schwimmen und vom Spielen.
Er legt sich ins Gras
und döst eine Weile.
„Ich habe Hunger“, sagt Nick.
„Komm, wir gehen heim!“

Sie laufen den Weg zurück.
An den Ästen baumeln
die bunten Papierschleifen.
Aber – was ist das?

Anna deutet zum Waldrand.
Dort steht ein Polizeiauto!

„Das ist mein Papa“, ruft Anna.
„Da ist was passiert!“
Gleichzeitig rennen sie los.
Milo hüpft neben ihnen her.
Für ihn ist es ein lustiges Spiel!
Aber wenn die Polizei da ist,
dann ist es kein Spiel.

Zwei Polizisten stehen dort.
Sie reden mit einer Frau
und einem Mann.
Der Mann zeigt auf eine Karte.
Die Frau weint.
Anna erkennt sie: Es ist
die Frau mit der Tüte.

Nick nimmt Milo an die Leine.
Er geht auf die Polizisten zu.
Hinter dem Auto sitzen
Kinder auf dem Waldboden.
Alle sehen sehr ängstlich aus.

Der blonde Polizist sagt:
„Hallo, ihr beiden.
Leider ein Notfall.
Bei einer Schnitzeljagd im Wald
ist ein Junge verloren gegangen!
Die **Rettungshunde-Staffel**
ist bereits alarmiert.“

Fragen und Antworten

Was passiert zuerst? Bringe die Bilder in die richtige Reihenfolge.

a)

b)

Antwort: b), a)

Was entdecken Nick und Anna am Waldrand? Bringe die Silben in die richtige Reihenfolge.

PO TO AU ZEI LI

Antwort: Polizeiauto

Der verschwundene Junge

Ein Junge? Allein? Im Wald?
Nick ist ganz aufgeregt.
„Dann dürfen wir nicht warten.
Wir müssen ihn sofort suchen!
Milo kann das auch.
Dürfen wir es probieren?“

Die beiden Polizisten
wechseln einen Blick.
Aber Anna ruft:
„Milo ist ein Schnüffelprofi!“
Ihr Papa nickt langsam.
„Na gut“, sagt er.
„Aber ich komme mit euch.“

Nick überlegt.

Es ist perfektes Wetter

für eine Suche!

Im Wald weht kein Wind.

Und der Boden ist noch feucht,

weil es nachts geregnet hat.

Anna geht zu der Frau.
„Haben Sie etwas,
das nach dem Jungen riecht?“
Die Frau greift in ihre Tasche.
Sie schnieft:
„Ja. Diese Mütze gehört ihm.“

Nick holt das Geschirr
aus seinem Rucksack.
Zum Glück hat er auch
die lange Leine dabei.
Jetzt sieht Milo aus
wie ein echter Suchhund!

„Wo habt ihr euren Freund
zum letzten Mal gesehen?“,
fragt Anna die Kinder.
„Bei der Kletterwurzel“,
piepst ein Mädchen.

„Dann müssen wir dorthin“,

bestimmt Nick.

Er zupft an Milos Leine.

Anna und die schniefende Frau

kommen auch mit.

Die anderen warten

auf die Rettungshunde-Staffel.

Anna kennt den Weg
zur Kletterwurzel.
Nick entdeckt Fußspuren
auf dem Waldboden.
Hier haben die Kinder vorhin
gespielt und getobt.

Nick atmet tief durch.

Das ist keine Übung.

Er darf keinen Fehler machen!

Milo guckt ihn neugierig an.

Nick flüstert ihm zu:

„Ich glaube an dich, Milo.

Du schaffst das!“

Nick hält Milo die Mütze hin.

Milo riecht eine ganze Weile.

Dann senkt er den Kopf.

Seine Nase zuckt.

Kann er die Spur schon **wittern**?

Fragen und Antworten

Wie nennt Nick Milo? Trage die fehlenden Buchstaben ein.

SCHNÜF_ELP_OF_

Antwort: Schnüffelprofi

Woran riecht Milo, um die Spur des Jungen zu finden? Kreuze an.

☐ a)

☐ b)

☐ c)

Antwort: b)

Milo, die Supernase

Milo läuft los.
Es geht einen Hügel hinauf.
Und auf der anderen Seite
wieder hinunter.
Seine Nase streift
über den Boden.
Er folgt einer Spur!

„Dein Hund hat recht!
Hier sind wir entlanggelaufen!“,
ruft die Frau.
Jetzt schnieft sie nicht mehr.
Sie ist ganz aufgeregt.
Genau wie Nick!

Wieder geht es
einen Hügel hinauf.
Oben stoppt Milo kurz.
Er schnüffelt nach links.
Dann läuft er rechts weiter.

Auf einmal merkt Nick,
dass etwas nicht stimmt.
Milo schnüffelt konzentriert.
Aber sein Po wackelt
hin und her.
„Achtung“, murmelt Anna.
„Milo hat die Spur verloren!“

Nick bleibt stehen.
Milo bleibt auch stehen.
Er hebt den Kopf.
Nick und er gucken sich an.
Dann drehen sie sich um und
laufen zurück auf den Hügel.

Milo schnüffelt wieder los.
Diesmal will er links abbiegen!
Nick und Anna müssen rennen,
so eilig hat es Milo.

Es geht einen Abhang hinab.
Hier stehen die Bäume
sehr dicht nebeneinander.
Es ist schattig und dunkel.

Aber Milo ist sich sicher.
Er zieht und zieht an der Leine!
Sein Hals wird ganz lang.
Nicks Herz klopft laut
vor Aufregung.
Da bleibt Milo plötzlich stehen –
und bellt einen Baum an!

Nick guckt sich um.
Hier ist niemand!
Plötzlich hört er ein Wimmern.
Er hebt den Kopf.
Auf einem Hochsitz
hockt ein kleiner Junge.

Die Leiter ist umgefallen –
er sitzt da oben in der Falle!
„Das haben wir gleich“,
ruft Annas Papa.
Er stellt die Leiter auf
und holt den Jungen herunter.

Nick kniet sich vor Milo.

Er umarmt ihn

und küsst ihn auf den Kopf.

„Du bist supertoll“, flüstert er.

„Wie ein großer Suchhund!“

„Was für ein Glück,
dass wir dich gefunden haben!“,
ruft die Frau.
Jetzt schnieft sie doch wieder.
Aber vor Freude!
Anna sagt: „Was für ein Glück,
dass wir Milo haben.“

Beim Polizeiauto wartet schon
die ganze Rettungshunde-Staffel.
Nick winkt und ruft:
„Alles schon erledigt, Mama.
Milo war heute die Supernase!“
Alle Kinder streicheln Milo.
Er ist der Held des Tages!

Fragen und Antworten

Was bellt Milo an? Kreise das richtige Wort ein.

BUSCHPFLANZEBAUMBLÜTE

Antwort: Baum

Wo finden sie den Jungen? Kreuze an.

☐ a) Baumhaus ☐ b) Kindersitz ☐ c) Hochsitz

Antwort: c)

Was sagt Nick? Trage das fehlende Wort ein.

Milo war heute die ______nase!

Antwort: Milo war heute die Supernase!

Schon gewusst?

Geschirr (Seite 9):

Ein Geschirr ist wie ein größeres Halsband. Es liegt nicht nur um den Hals, sondern auch um die Brust und manchmal auch um den Bauch. So drückt es nicht nur

am Hals, wenn der Hund mal an der Leine zieht. Für Rettungshunde gibt es extra Suchgeschirre, mit denen sie sich besonders gut bewegen können.

Rettungshund (Seite 9):

Rettungshunde helfen bei der Suche, wenn Menschen vermisst werden. Deshalb werden sie auch Suchhunde genannt. Jeder Hund kann ein Rettungshund werden. Aber man muss dafür ganz schön viel üben! Der Hund muss eine Ausbildung machen und am Ende eine Prüfung bestehen.

Hundeführerin (Seite 9):

Der Mensch, der mit einem Rettungshund zusammenarbeitet und die Leine hält, ist der Hundeführer oder die Hundeführerin.

Rettungshunde-Staffel (Seite 31):

Wenn mehrere Teams aus Rettungshund und Hundeführer zusammenarbeiten, nennt man das eine Rettungshunde-Staffel.

wittern (Seite 42):

Wittern ist ein anderes Wort für riechen. Milo schnuppert an der Mütze des Jungen und merkt sich den Geruch. Dann nimmt er Witterung auf und folgt dem Geruch. Als er den Jungen gefunden hat, bellt er, damit sein Hundeführer Nick Bescheid weiß.

Blättere schnell um und trage die unterstrichenen Buchstaben in der richtigen Reihenfolge in die Kästchen ein!

Das Leselöwen-Lösungswort

Besuche den Leselöwen auf **www.leseloewen.de** und trage die unterstrichenen Buchstaben von den Seiten *Schon gewusst?* in der richtigen Reihenfolge in die magische Box ein.

R						

Wenn du das Lösungswort gefunden hast, kommst du auf die geheime Seite mit vielen weiteren Spielen und Rätseln!

Der **Leselöwe** freut sich auf dich!

Jetzt online!

Sabine Giebken, geboren 1979 in München, tauschte mit acht Jahren Ballettunterricht gegen Reitstunden. Schon als Kind schrieb sie Geschichten in Schulhefte, die später zu ihren ersten Büchern wurden. Nach einem Diplom in Betriebswirtschaft und einigen beruflichen Irrwegen machte sie ihr Hobby vom Schreiben endlich zum Beruf. Sie lebt in Bayern und ist Mama von zwei wilden Kindern, einem anhänglichen Hund und einer selbstbewussten Islandstute.

Joachim Krause wurde 1968 in Kempen am Niederrhein geboren und lebt heute mit seiner Frau und seinen drei Kindern in Jever. Er studierte an der Fachhochschule in Münster Grafikdesign und illustriert seit 1997 freiberuflich Spiele und Kinderbücher für verschiedene Verlage.

2. Klasse

Leselöwen

Geübte Leseanfänger

Die Nr. 1 für den Leseerfolg

ISBN 978-3-7432-2075-1

ISBN 978-3-7432-2072-0

ISBN 978-3-7432-2076-8

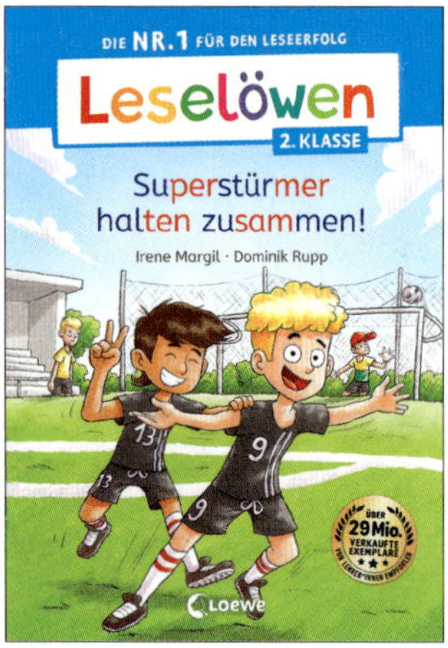

ISBN 978-3-7432-1896-3

ISBN 978-3-7432-1897-0

ISBN 978-3-7432-1898-7

Loewe
Das will ich lesen!